Handbal buch
Rätsel über den
besten Sport der Welt

Inhalt

01 **Wer wird Handballionär** — Seite 01 - 36

Es ist schon so viel unglaubliche, witziges, kurioses und unvorhergesehenes passiert. Teste hier dein Handballwissen und werde zum Handballprofi

02 **Handball Logikrätsel** — Seite 37 - 46

Teste dein logisches Denken und löse diese kniffligen Aufgaben. Manche Lösungen liegen auf der Hand, bei anderen muss man zweimal hinsehen

03 **Handballstrategie-Rätsel** — Seite 47 - 62

Diese Rätsel machen einfach Spaß. Denn hier muss mal mit dem Stift, Hand angelegt werden

04 **Handball Zahlenrätsel** — Seite 63 - 72

Hier ist Köpfchen gefragt, denn man sollte das Kopfrechnen bei diesen kniffligen Aufgaben beherschen

05 **Verschlüsselte Begriffe** — Seite 73 - 86

Was für ein Durcheinander. Hier werden Begriffe aus dem Handball gesucht, die auf den ersten Blick nicht zu erkennen sind.

06 **Fakten oder Fiktion** — Seite 87 - 110

Mal sehen, ob du ein/e richtige/r Handballkenner/in bist, oder ob wir dich aufs Glatteis führen können.

07 **Handball-Anagramme** — Seite 111 - 120

Wenn du genau hinschaust, kann aus dem Wirrwarr ein Begriff, den du aus dem Handball kennst gebildet werden

Einleitung

Liebe Handball-Freunde,
Herzlich Willkommen zu dieser einzigartigen Entdeckungsreise durch die faszinierende Welt des Handballs. Dieses Buch ist eine Sammlung von Rätseln, die speziell für Handballer/innen erstellt wurde.
Hier findest du alles - von kniffligen Rätseln, die deine Kenntnisse der Handballgeschichte testen, bis hin zu taktischen Herausforderungen, die deine strategischen Fähigkeiten auf die Probe stellen. Vielleicht wirst du auf eine Herausforderung stoßen, die dich an deine spielerischen Grenzen bringt, oder auf eine Frage, die deine Erinnerung an historische Handballmomente aufleben lässt.
In jedem Fall soll dieses Buch dich inspirieren, amüsieren und dich vor allem dem besten Sport der Welt näher bringen. Denn Handball ist das, was uns verbindet. Vielen Dank, dass du dich für dieses Buch entschieden hast.

Dein Florian
PS. Bei Anregungen oder Kritik, schreibe gerne eine mail an den Verlag, sie sind bemüht, stetig an Verbesserungen zu arbeiten.

Viel Spaß beim Rätseln und bis bald auf dem Handballfeld?

1

Wer wird Handball ionär?

ÜBRIGENS:

DAS PHANTOMTOR (2013): IM SPIEL DER DEUTSCHEN BUNDESLIGA ZWISCHEN DEM THW KIEL UND DER SG FLENSBURG-HANDEWITT WURDE EIN TOR GEGEBEN, DAS NIEMALS FIEL. DER BALL VON KIELS SPIELER FILIP JICHA PRALLTE VOM PFOSTEN INS AUSSENNETZ, DOCH DIE SCHIEDSRICHTER WERTETEN IHN ALS TOR. DIESER VORFALL FÜHRTE ZU HITZIGEN DISKUSSIONEN ÜBER DIE EINFÜHRUNG VON TECHNOLOGIEN WIE DEM VIDEOBEWEIS IM HANDBALL.

01

Wer wird Handballionär

Übrigends: Handball wurde 1972 wieder in das olympische Programm aufgenommen.

01

WIE WURDE HANDBALL FRÜHER BEZEICHNET?

A TORBALL

B WURFBALL

C FANGBALL

WANN WURDE ES ZU HANDBALL UNBENANNT?

A 1917

B 1958

C 1891

AUS DER KOMBINATION WELCHER SPORTARTEN WIRD HANDBALL BEZEICHNET?

A BASKETBALL UND FUSSBALL

B BASKETBALL, TENNIS UND FUSSBALL

C BASKETBALL, WASSERBALL UND FUSSBALL

ÜBRIGENS:

DIE DREI SEKUNDEN REGEL (1972): WÄHREND DER OLYMPISCHEN SPIELE IN MÜNCHEN ENTSCHIED EIN SPIEL ZWISCHEN DEUTSCHLAND UND DER SOWJETUNION EIN KURIOSER VORFALL. EIN DEUTSCHER SPIELER FING DEN BALL UND HIELT IHN FÜR MEHR ALS DREI SEKUNDEN, WAS NORMALERWEISE ZU EINEM FREIWURF FÜHRT. JEDOCH WAR DER SCHIEDSRICHTER ABGELENKT UND PFIFF NICHT. DER DEUTSCHE SPIELER STARTETE EINEN ANGRIFF, DER ZUM SIEGTOR FÜHRTE, UND DEUTSCHLAND GEWANN ÜBERRASCHEND DIE GOLDMEDAILLE.

Wer wird Handballionär

Übrigends: Die erste Handball-Weltmeisterschaft wurde 1938 in Deutschland ausgetragen.

DIE WIEVIELT GRÖSSTE SPORTART IST HANDBALL IN EUROPA?

A DIE GRÖSSTE

B DIE ZWEITGRÖSSTE

C DIE VIERTGRÖSSTE

WIE VIELE VERSCHIEDENE GRÖSSEN WERDEN VON DEM HANDBALL VERWENDET? ?

A 4

B 2

C 8

WIE VIELE SCHIEDS-RICHTER MÜSSEN IN DER REGEL DAS SPIEL LEITEN?

A 1

B 2

C 3

ÜBRIGENS:

DER KÜRZESTE HANDBALLJOB (2008): IN DER GESCHICHTE DES HANDBALLS GAB ES SCHON EINIGE KURZE TRAINERENGAGEMENTS, ABER DER REKORD DÜRFTE DEM ISLÄNDISCHEN TRAINER SIGURDUR RAGNAR EYJOLFSSON GEHÖREN, DER 2008 ALS NATIONALTRAINER VON ÖSTERREICH VORGESTELLT WURDE. ER TRAT ZURÜCK, BEVOR ER ÜBERHAUPT SEIN ERSTES TRAINING LEITEN KONNTE, WEGEN EINES BESSEREN ANGEBOTS AUS SEINER HEIMAT.

WELCHE KARTE KANN MAN BEIM HANDBALL BEI EINEM VERSTOSS BEKOMMEN?	
A	EINE BLAUE KARTE
B	EINE GRÜNE KARTE
C	EINE WEISSE KARTE

VON WEM WURDE IN DER ANTIKE DER GRUNDSTEIN DES HANDBALLS GELEGT?	
A	VON DEN INDIANERN
B	VON DEN WICKINGERN UND ENGLÄNDERN
C	VON DEN RÖMERN UND GRIECHEN

WIE GROSS IST DIE SPIELFLÄCHE?	
A	40 M X 20 M
B	80 M X 40 M
C	120 M X 60 M

ÜBRIGENS:

DER LUFTZUG-TREFFER (2015): IN EINEM SPIEL DER FRAUENHANDBALL-BUNDESLIGA ZWISCHEN DEN TEAMS VON THÜRINGER HC UND HC LEIPZIG SORGTE EIN KURIOSES TOR FÜR AUFSEHEN. BEIM SIEBENMETER-WURF VON LEIPZIG WURDE DER BALL VON EINEM PLÖTZLICHEN LUFTZUG ERFASST UND ÄNDERTE UNERWARTET DIE RICHTUNG, SODASS DIE TORHÜTERIN VOM THC, DIE BEREITS IN DIE ANDERE ECKE GESPRUNGEN WAR, ÜBERRASCHT WURDE UND DAS TOR KASSIERTE.

Wer wird Handballionär

Übrigens: Der erste internationale Handballwettbewerb fand zwischen Deutschland und Österreich statt.

WIE BREIT SIND DIE TORE?	
A	2,5 METER
B	5 METER
C	3 METER

WIE HEISST DIE FLÄCHE VOR DEM TOR?	
A	TORRAUM
B	WURFZONE
C	SPERRZONE

IN WELCHEM JAHR WURDE DIE ABWURFZONE EINGEFÜHRT?	
A	1917
B	2012
C	2022

ÜBRIGENS:

DER SPIELABBRUCH WEGEN HARZ (1999): IN EINEM MATCH DER CHAMPIONS LEAGUE ZWISCHEN DEM SPANISCHEN CLUB PORTLAND SAN ANTONIO UND DEM DEUTSCHEN VEREIN THW KIEL MUSSTE DAS SPIEL ABGEBROCHEN WERDEN, WEIL DER HALLENBODEN ZU RUTSCHIG GEWORDEN WAR. DER GRUND: BEIDE TEAMS BENUTZTEN ZU VIEL KLEBSTOFF (HARZ), DER FÜR BESSEREN GRIP AM BALL SORGT. DIE PARTIE WURDE SPÄTER NEU ANGESETZT, UND DIE HANDBALLREGELN WURDEN ANGEPASST, UM DIE MENGE AN VERWENDBAREM HARZ ZU BESCHRÄNKEN.

Wer wird Handballionär

Übrigends: Der Kempa-Trick ist nach Bernhard Kempa benannt, einem prominenten Handballspieler aus Deutschland.

05

AUS WIE VIELEN SPIELERN DARF EINE HANDBALL-MANNSCHAFT MAXIMAL BESTEHEN?	
A	11 SPIELERN
B	14 SPIELERN
C	16 SPIELERN

WELCHE REGEL GIBT ES BEIM HANDBALL WIRKLICH?	
A	SELECT-THE -7-REGEL
B	GET-IT-ONES-REGEL
C	BEST-OF-5-REGEL

WIE NENNT MAN ES, WENN EIN SPIELER AUSGETAUSCHT WIRD?	
A	FALLENDER HANS
B	FLIEGENDER WECHSEL
C	ROLLENDER WANDEL

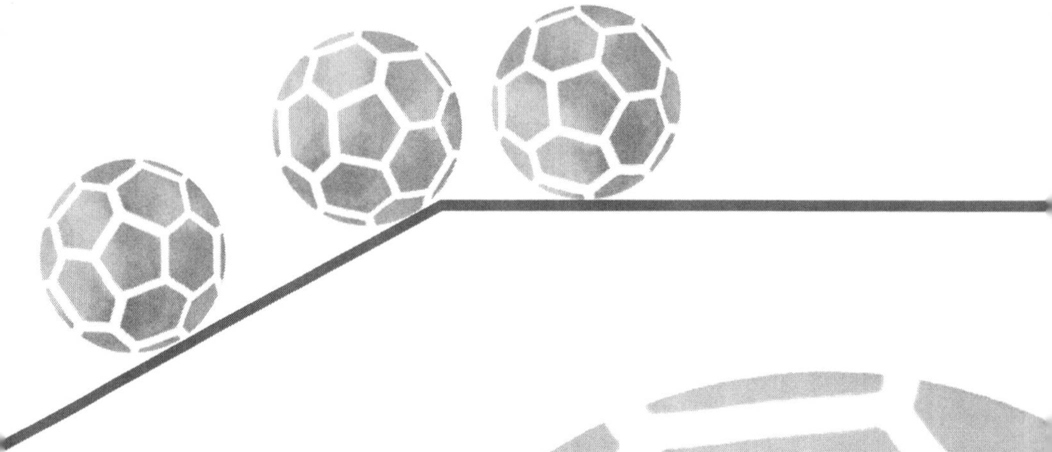

ÜBRIGENS:

TORWART TRIFFT AUS EIGENEM KREIS (VERSCHIEDENE ANLÄSSE): ES IST SELTEN, ABER ES KOMMT VOR, DASS TORHÜTER AUS IHREM EIGENEN KREIS EIN TOR ERZIELEN. DIES GESCHIEHT MEISTENS, WENN DER GEGNERISCHE TORHÜTER DAS SPIELFELD VERLASSEN HAT, UM BEI EINEM ANGRIFF MITZUSPIELEN, UND DER BALL ABGEFANGEN WIRD. IN EINIGEN FÄLLEN WURDE SOLCH EIN LANGER TREFFER SOGAR OHNE DIESE UMSTÄNDE ERZIELT, WAS JEWEILS FÜR ERSTAUNTE GESICHTER BEI FANS UND SPIELERN SORGT.

Wer wird Handballionär

Übrigends: Die International Handball Federation (IHF) wurde 1946 gegründet.

MIT WELCHEN KÖRPERTEIL DARF DER BALL NICHT BERÜHRT WERDEN?	
A	FAUST
B	KNIE
C	UNTERSCHENKEL

WELCHE WURFTECHNIK GIBT ES WIRKLICH?	
A	SCHLENZER
B	AUFKNICKWURF
C	HEBLER

WIE WIRD EIN „PASSIVES SPIEL“ AUCH BEZEICHNET?	
A	FOULPLAY
B	ZEITSPIEL
C	VERZÖGERUNGSPASS

ÜBRIGENS:

SPONTANE MASKOTTCHEN-TEILNAHME (2016): WÄHREND EINES SPIELS DER FRAUENHANDBALL-WELTMEISTERSCHAFT STÜRMTE IN DÄNEMARK DAS MASKOTTCHEN DER VERANSTALTUNG PLÖTZLICH DAS SPIELFELD UND BEGANN, DEN BALL ZU SPIELEN. DIE AKTION SORGTE FÜR LACHER, ABER AUCH FÜR VERWIRRUNG, DA DAS SPIEL KURZZEITIG UNTERBROCHEN WERDEN MUSSTE.

Wer wird Handballionär

01

Übrigends: Die erste Handball-Weltmeisterschaft der Frauen wurde 1957 ausgetragen.

07

WER BESTIMMTE 1917 FESTE REGELN FÜR DEN HANDBALL?	
A	PETER HUSTEN
B	MAX HEISER
C	RAINER STIMMLOS

WELCHES STERNZEICHEN HAT DER HANDBALL?	
A	KREBS (25.06.)
B	STEINBOCK (12.01.)
C	SKORPION (29.10.)

WO FAND DAS ERSTE OFFIZIELLE HANDBALL-LÄNDERSPIEL STATT?	
A	FRANKFURT AM MAIN
B	HALLE AN DER SAALE
C	BERLIN

ÜBRIGENS:

SPIEL AUF DREI TORE (1986): EIN HANDBALLSPIEL IN DER EHEMALIGEN JUGOSLAWIEN-LIGA ZWISCHEN METALOPLASTIKA UND PROLETER ZRENJANIN WURDE WEGEN STARKEM NEBEL IN DER HALLE KURIOSERWEISE MIT DREI STATT ZWEI TOREN FORTGEFÜHRT. DER NEBEL MACHTE ES FÜR SPIELER UND SCHIEDSRICHTER UNMÖGLICH, DAS EINE SPIELFELDENDE ZU SEHEN, ALSO WURDE KURZERHAND ENTSCHIEDEN, EIN DRITTES TOR IN DER MITTE DER HALLE ZU PLATZIEREN.

Wer wird Handballionär

Übrigends: Der erste Handball, der in einem offiziellen Spiel verwendet wurde, war weniger perfekt rund als die heutigen Bälle.

WAS BEDEUTET DHB:	
A	DER HALLENBUND
B	DEMOKRATISCHER HALLENBALL
C	DEUTSCHER HANDBALLBUND

WANN WURDE DER WELTMEISTERTITEL VON DER DEUTSCHEN MANNSCHAFT GEHOLT?	
A	2007
B	2011
C	2019

WANN GEWANN DIE DEUTSCHE HANDBALLMANNSCHAFT DEN EUROPAPOKAL NICHT?	
A	2008
B	2004
C	2016

ÜBRIGENS:

LUSTIGE EIGENTORE (2010): IN DER DEUTSCHEN BUNDESLIGA KAM ES ZU EINEM KURIOSEN EIGENTOR, ALS EIN SPIELER DES VFL GUMMERSBACH VERSUCHTE, DEN BALL ZUM EIGENEN TORWART ZURÜCKZUSPIELEN, DER ABER GERADE NICHT IM TOR STAND. SOLCHE MISSGESCHICKE PASSIEREN SELTEN, SORGEN ABER IMMER WIEDER FÜR ERHEITERUNG UNTER DEN ZUSCHAUERN.

Wer wird Handballionär

Übrigends: Holger Nielsen, ein dänischer Lehrer, legte die ersten offiziellen Regeln des Handballs fest.

WEN ODER WAS BEZEICHNET MAN ALS DEN „NEOBET PROMOTION CODE“?	
A	EIN CODE DER BEI HANDBALLWETTEN HILFT
B	EIN CODE DER BEI DER WINKELBERECHNUNG DES 7-METER-FURFS HILFT
C	EIN CODE, DER DIE GEGNER BEI DER WELTMEISTERSCHAFT ERMITTELT

FÜR WEN WURDE DIESE SPORTART URSPRÜNGLICH ENTWICKELT?	
A	FÜR KLEINKINDER
B	FÜR FRAUEN
C	FÜR MÄNNER

WIE GROSS IST DAS BEACHHAND BALLFELD?	
A	KLEINER WIE DAS HALLENHANDBALLFELD
B	GRÖSSER WIE DAS HALLENHANDBALLFELD
C	GENAUSO GROSS WIE DAS HALLENHANDBALLFELD

ÜBRIGENS:

RASCHER TRAINERWECHSEL (2014): DER TRAINER DES FRANZÖSISCHEN VEREINS PARIS SAINT-GERMAIN HANDBALL, PHILIPPE GARDENT, WURDE TROTZ EINER ERFOLGREICHEN SAISON UND KURZ VOR DEM GEWINN DER FRANZÖSISCHEN MEISTERSCHAFT ÜBERRASCHEND ENTLASSEN. DER VEREIN HATTE BEREITS EINEN ERSATZ GEFUNDEN, OHNE DIE SPIELER ODER DIE ÖFFENTLICHKEIT ZU INFORMIEREN, WAS FÜR EINIGE TAGE FÜR VERWIRRUNG UND SPEKULATIONEN IN DER HANDBALLWELT SORGTE.

Wer wird Handballionär

Übrigends: Die Handball-Weltmeisterschaft wurde erstmals 1938 in Deutschland ausgetragen.

WELCHES LAND GEWANN DIE ERSTE OFFIZIELLE HANDBALL-WELTMEISTERSCHAFT DER MÄNNER, DIE VON DER IHF (INTERNATIONAL HANDBALL FEDERATION) ORGANISIERT WURDE?

A DEUTSCHLAND

B DÄNEMARK

C JAPAN

IN WELCHEM JAHR WURDE HANDBALL ZUM ERSTEN MAL IN DEN OLYMPISCHEN SPIELEN GESPIELT?

A 1936

B 1912

C 1998

IN WELCHEM LAND FAND DIE ERSTE HANDBALL-WELTMEISTERSCHAFT DER FRAUEN STATT?

A JUGOSLAWIEN

B DÄNEMARK

C JAPAN

ÜBRIGENS:

DER LANGE FLUG DES MIKKEL HANSEN (2012): MIKKEL HANSEN, EINER DER BEKANNTESTEN HANDBALLSPIELER DER WELT, ERLEBTE EINEN UNGEWÖHNLICHEN VORFALL, ALS ER BEI DEN OLYMPISCHEN SPIELEN 2012 IN LONDON WÄHREND EINES SPIELS AUSRUTSCHTE UND DURCH DIE LUFT SEGELTE. ER FLOG SPEKTAKULÄR ÜBER DAS SPIELFELD, WAS ZU ZAHLREICHEN MEMES UND BILDERN IN SOZIALEN MEDIEN FÜHRTE. GLÜCKLICHERWEISE BLIEB ER UNVERLETZT UND KONNTE DAS SPIEL FORTSETZEN.

Wer wird Handballionär

Übrigends: In den historischen Aufzeichnungen ist der erste offizielle Handballverein der "Berliner Athletik Klub 1892".

WELCHES LAND GEWANN DIE ERSTEN HANDBALL-WELTMEISTERSCHAFTEN DER FRAUEN, DIE VON DER IHF (INTERNATIONAL HANDBALL FEDERATION) ORGANISIERT WURDEN?

A DEUTSCHLAND

B DÄNEMARK

C JAPAN

WELCHE STADT WAR GASTGEBER DER OLYMPISCHEN SPIELE 1972, BEI DENEN HANDBALL WIEDER INS OLYMPISCHE PROGRAMM AUFGENOMMEN WURDE?

A BRÜSSEL

B BERLIN

C MÜNCHEN

WELCHES LAND HAT DIE MEISTEN HANDBALL-WELTMEISTERSCHAFTEN DER MÄNNER GEWONNEN?

A FRANKREICH

B DÄNEMARK

C POLEN

ÜBRIGENS:

DIE ZEITSTRAFE, DIE KEINER BEMERKTE (2014): IN EINEM CHAMPIONS-LEAGUE-SPIEL SASS EIN SPIELER DER SPANISCHEN MANNSCHAFT BM GRANOLLERS EINE ZWEI MINUTEN ZEITSTRAFE AB. KURIOSERWEISE VERGASSEN SOWOHL DIE ZEITNEHMER ALS AUCH DER SPIELER SELBST, DIE ZEIT ZU ÜBERWACHEN, UND ER VERBRACHTE FAST FÜNF MINUTEN AUF DER STRAFBANK, BEVOR DAS MISSGESCHICK AUFFIEL.

Wer wird Handballionär

Übrigends: Das erste internationale Handballturnier fand 1925 statt.

WELCHE ZWEI LÄNDER HABEN DIE MEISTEN MEDAILLEN IN DEN HANDBALL-WETTBEWERBEN DER OLYMPISCHEN SPIELE GEWONNEN (MÄNNLICH UND WEIBLICH ZUSAMMEN)?

A FRANKREICH UND DÄNEMARK

B DEUTSCHLAND UND DÄNEMARK

C RUSSLAND UND DÄNEMARK

WIE VIELE LÄNDER WAREN GRÜNDUNGSMIT GLIEDER DER INTERNATIONAL EN HANDBALLFÖDE RATION?

A 2 LÄNDER

B 8 LÄNDER

C 14 LÄNDER

IN WELCHEM LAND, BEKANNT FÜR SEINE WINTER- UND EISSPORTARTEN, WIRD JÄHRLICH EIN BEACHHANDBALLT URNIER AUF SCHNEE AUSGETRAGEN?

A RUSSLAND

B NORWEGEN

C ÖSTEREICH

ÜBRIGENS:

EIN SPIEL AUF NASSEM FELD (2001): EIN SPIEL DER HANDBALL-BUNDESLIGA ZWISCHEN SG FLENSBURG-HANDEWITT UND THW KIEL WURDE TROTZ EINER DEFEKTEN DACHKONSTRUKTION, DIE ZU STARKEM REGEN AUF DEM SPIELFELD FÜHRTE, FORTGESETZT. SPIELER RUTSCHTEN UND PADDELTEN TEILWEISE MEHR, ALS DASS SIE SPIELTEN, UND ES ERGABEN SICH SLAPSTICK-ÄHNLICHE SZENEN.

WELCHES LAND HAT DIE HANDBALL-WELTMEISTERSCHAFT DER FRAUEN GEWONNEN, OBWOHL HANDBALL IN DIESEM LAND NICHT ALS NATIONALSPORT ANGESEHEN WIRD?	
A	LUXENBURG, WELTMEISTER 2013
B	POLEN, WELTMEISTER 2009
C	BRASILIEN, WELTMEISTER 2013

WO WURDE DAS ERSTE OFFIZIELLE HANDBALLSPIEL AUSGETRAGEN	
A	DEUTSCHLAND
B	DÄNEMARK
C	FRANKREICH

WANN UND WO WURDE DAS ERSTE HALLENHANDBALLSPIEL GESPIELT?	
A	1941 IN DEUTSCHLAND
B	1962 IN RUSSLAND
C	1936 IN DÄNEMARK

ÜBRIGENS:

DAS NICHT ENDEN WOLLENDE SPIEL (1993): IN EINEM DER LÄNGSTEN SPIELE DER HANDBALLGESCHICHTE ZWISCHEN IVRY UND NÎMES IN DER FRANZÖSISCHEN LIGA WURDE DAS ENDE DER REGULÄREN SPIELZEIT VON DEN SCHIEDSRICHTERN NICHT KORREKT WAHRGENOMMEN. DAS SPIEL GING WEITER, BIS DIE SPIELER SELBST AUF DIE UHR HINWIESEN. DAS MATCH ENDETE SCHLIESSLICH NACH 70 STATT DER ÜBLICHEN 60 MINUTEN.

Wer wird Handballionär

Übrigends: Der Norweger Erik Lunde war der erste Präsident der International Handball Federation.

WELCHE NATION WAR DIE ERSTE NICHT-EUROPÄISCHE, DIE DEN HANDBALL IN DIE OLYMPISCHEN SPIELE EINFÜHRTE?

A BULGARIEN

B JAPAN

C SÜDKOREA

IN WELCHEM JAHR WURDE DER HANDBALL IN DIE SOMMER-PARALYMPICS AUFGENOMMEN ?

A 1989

B NOCH GAR NICHT

C 2016

WELCHES TEAM HAT DIE MEISTEN HANDBALL-BUNDESLIGA-TITEL GEWONNEN?

A RHEIN-NECKAR LÖWEN

B THW KIEL

C SG FLENSBURG-HANDEWITT

ÜBRIGENS:

DIE KURIOSE DISQUALIFIKATION EINES GANZEN TEAMS (2002): BEIM TURNIER IN PORTUGAL WURDE DAS TEAM VON MAZEDONIEN AUFGRUND EINER VERWECHSLUNG DER TRIKOTS DISQUALIFIZIERT. SIE HATTEN FÄLSCHLICHERWEISE ANGENOMMEN, DASS SIE IN IHREN HEIMFARBEN SPIELEN DÜRFTEN UND HATTEN KEIN AUSWÄRTSTRIKOT DABEI. ALS KEINE LÖSUNG GEFUNDEN WURDE, MUSSTEN SIE DAS SPIEL AUFGEBEN UND WURDEN AUS DEM TURNIER GENOMMEN.

01

Wer wird Handballionär

Übrigends: Im Jahr 1941 wurde das erste offizielle Handballspiel in den USA gespielt.

15

WELCHEN DIESER VEREINE GIBT ES WIRKLICH?	
A	SV POLIZEI HAMBURG
B	SV SECURITY HANNOVER
C	SV HANDWERKER HANDEWITT

WELCHER HANDBALLSPIELER WURDE AM HÄUFIGSTEN ALS WELTHANDBALLER DES JAHRES AUSGEZEICHNET?	
A	THIERRY OMEYER AUS FRANKREICH
B	JOHANNES GOLLA AUS DEUTSCHLAND
C	SIMON PYTLICK AUS DÄNEMARK

WELCHES LAND HAT DIE MEISTEN TITEL IN DER HANDBALL-EUROPAMEISTERSCHAFT DER FRAUEN GEWONNEN?	
A	POLEN
B	NOWEGEN
C	GRIECHENLAND

ÜBRIGENS:

DER FLIEGENDE SCHUH (2018): BEI EINEM SPIEL IN DER FRANZÖSISCHEN LIGA VERLOR DER RÜCKRAUMSPIELER DANIEL NARCISSE WÄHREND EINES WURFS SEINEN SCHUH, DER DURCH DIE LUFT FLOG UND IM TOR LANDETE, WÄHREND DER BALL DANEBEN GING. DAS SPIEL MUSSTE KURZ UNTERBROCHEN WERDEN, UM DAS KURIOSE HINDERNIS ZU ENTFERNEN.

Wer wird Handballionär

Übrigends: Die UdSSR gewann das erste olympische Handballturnier der Frauen 1976.

WELCHES LAND HAT DIE MEISTEN WELTMEISTERSCHAFTEN IM FRAUENHANDBALL GEWONNEN?

A DÄNEMARK

B RUSSLAND

C FRANKREICH

WELCHER SPIELER HÄLT DEN REKORD FÜR DIE MEISTEN ERZIELTEN TORE IN EINEM EINZELNEN HANDBALL-WELTMEISTERSCHAFTSTURNIER?

A KYUNG-SHIN YOON

B MIKKEL HANSEN

C THIERRY OMEYER

WIE GROSS IST DAS BEACHHANDBALLFELD?

A KLEINER WIE DAS HALLENHANDBALLFELD

B GRÖSSER WIE DAS HALLENHANDBALLFELD

C GENAUSO GROSS WIE DAS HALLENHANDBALLFELD

ÜBRIGENS:

DAS GEISTERSPIEL (2020): AUFGRUND DER COVID-19-PANDEMIE FANDEN VIELE SPIELE HINTER VERSCHLOSSENEN TÜREN STATT. EIN BESONDERS SKURRILES EREIGNIS EREIGNETE SICH IN DER HANDBALL-BUNDESLIGA, ALS DIE TEAMS EIN "GEISTERSPIEL" AUSTRUGEN – DIE SPIELER KONNTEN SICH AUF DEM FELD SELBST ANWEISUNGEN ZURUFEN, UND DIE SCHIEDSRICHTERPFIFFE HALLTEN UNHEIMLICH DURCH DIE LEERE HALLE.

01 Wer wird Handballionär

Übrigends: Bei den Olympischen Spielen 2000 in Sydney wurde erstmals der Sprungwurf eingesetzt.

17

IN WELCHER STADT WURDEN DIE ERSTEN INTERNATIONAL EN HANDBALLREGE LN FORMULIERT?	
A	KOPENHAGEN
B	BERLIN
C	MÜNCHEN

WAS HAT THIERRY OMEYER AUS FRANKREICH IM WM-FINALE 2011 VOLLBRACHT	
A	ER HIELT 3 AUFEINANDERFOLGENDE SIEBENMETER
B	ER WARF DIE MEISTEN TORE , DIE BIS DAHIN IN EINEM FINALE GEWORFEN WURDEN
C	ER MACHTE NACH DEM SIEG EINEN SIEBENFACHEN FLICK-FLACK

WELCHES LAND GEWANN 1972 BEI DEN OLYMPISCHEN SPIELEN IN MÜNCHEN DIE GOLDMEDAILLE IM HANDBALL, OBWOHL ES NICHT EINMAL EINE PROFESSIONELLE LIGA HATTE?	
A	TSCHECHIIEN
B	ENGLAND
C	JUGOSLAWIEN

Handball Logik-rätsel

ÜBRIGENS:

DIE GELBE KARTE FÜR DEN TRAINER, DER NICHT DA WAR (2015): WÄHREND EINES SPIELS IN DER DEUTSCHEN HANDBALL-BUNDESLIGA ERHIELT DER TRAINER DES SC MAGDEBURG EINE GELBE KARTE – OBWOHL ER GAR NICHT IN DER HALLE WAR. ER HATTE WEGEN EINES VORANGEGANGENEN DISPUTS EINE SPERRE UND WAR DAHER NICHT BEIM SPIEL ANWESEND. DIE SCHIEDSRICHTER VERWARNTEN STATTDESSEN SEINEN LEEREN STUHL.

02 Handball Logikrätsel

Teste dein logisches Denken und löse diese kniffligen Aufgaben. Manche Lösungen liegen auf der Hand, bei anderen muss man zweimal hinsehen

01

In einem Handballturnier gibt es vier Teams: Team Rot, Team Blau, Team Grün und Team Gelb. Jedes Team spielt genau einmal gegen jedes andere Team. Wie viele Spiele werden insgesamt gespielt?

Ein Handballteam hat 14 Spieler. In einem Spiel dürfen immer 7 Spieler gleichzeitig auf dem Spielfeld sein. Wenn alle Spieler gleich viel Spielzeit bekommen sollen, wie viel Spielzeit bekommt dann jeder Spieler in einem 60 Minuten langen Spiel?

Bei einem Handballspiel steht Team A gegen Team B. Team A erzielt alle 3 Minuten ein Tor, Team B alle 4 Minuten. Wer hat nach 12 Minuten mehr Tore erzielt?

ÜBRIGENS:

DER ÜBERRASCHENDE WECHSELFEHLER (2011): IN EINEM INTERNATIONALEN MATCH FÜHRTE EIN WECHSELFEHLER ZU EINEM KURIOSEN TOR. EIN SPIELER WURDE AUSGEWECHSELT, ABER DER NEU EINGEWECHSELTE SPIELER STÜRMTE ZU SCHNELL AUFS SPIELFELD, WÄHREND DER BALL NOCH IN DER NÄHE DER AUSWECHSELZONE WAR. EIN GEGNERISCHER SPIELER NUTZTE DIE VERWIRRUNG, STAHL DEN BALL UND ERZIELTE EIN LEICHTES TOR.

02

Handball Logikrätsel

Teste dein logisches Denken und löse diese kniffligen Aufgaben. Manche Lösungen liegen auf der Hand, bei anderen muss man zweimal hinsehen

02

Ein Handballspieler erhält in einer Saison insgesamt 3 rote Karten. Wenn man bedenkt, dass er für jede rote Karte 2 Spiele Sperre erhält, wie viele Spiele hat er in der Saison verpasst?

Ein großes Kaufhaus bietet im dritten Stock ausschließlich Klamotten für den Handballsport an. Im zweiten Stock findet man Sportklamotten für Fußball und im ersten Stock kann man eine kleine Auswahl eines großen bekannten Möbelhauses kaufen. Der Aufzug des Kaufhauses wird häufig genutzt. welche Taste wird am häufigsten gedrückt?

Tobias behauptet, sie steht hinter Timm und Johanna behauptet, sie steht hinter Frida. Kann das stimmen?

ÜBRIGENS:

DIE OVERTIME, DIE NIEMALS ENDETE (2009): EIN ENTSCHEIDENDES PLAYOFF-SPIEL IN NORWEGEN ZWISCHEN DEN TEAMS VON DRAMMEN HK UND FYLLINGEN HANDBALL MUSSTE IN DIE VERLÄNGERUNG GEHEN. DIE SPANNUNG STIEG, ALS DAS SPIEL NACH DER ERSTEN OVERTIME IMMER NOCH UNENTSCHIEDEN WAR. UNGLAUBLICHERWEISE BRAUCHTE ES VIER VERLÄNGERUNGEN, BIS EIN SIEGER FESTSTAND, UND DAS MATCH DAUERTE FAST ZWEI STUNDEN – EIN MARATHON IN EINER SPORTART, DIE NORMALERWEISE NACH 60 MINUTEN BEENDET IST.

Handball Logikrätsel

Teste dein logisches Denken und löse diese kniffligen Aufgaben. Manche Lösungen liegen auf der Hand, bei anderen muss man zweimal hinsehen

Ein Trainer hat 12 Spieler, von denen er jeweils 7 für jedes Spiel aufstellt. Er will, dass jeder Spieler in jedem Spiel spielt. Wie viele Spiele muss er spielen, um sicherzustellen, dass jeder Spieler mindestens einmal gespielt hat?

In einem Handballturnier nehmen 6 Mannschaften teil. Jede Mannschaft spielt genau einmal gegen jede andere Mannschaft. Wie viele Spiele werden insgesamt gespielt?

Vier Spieler (A, B, C, D) werfen nacheinander auf das Tor. A trifft vor B, aber nach D. C trifft als letzter. In welcher Reihenfolge haben sie getroffen?

ÜBRIGENS:

DER SCHIEDSRICHTER-TAUSCH (2012): IN EINEM INTERNATIONALEN TURNIER MUSSTE EIN SCHIEDSRICHTER, DER SICH WÄHREND DES SPIELS VERLETZTE, DURCH EINEN ZUSCHAUER ERSETZT WERDEN, DER ZUFÄLLIG AUCH EIN QUALIFIZIERTER SCHIEDSRICHTER WAR. NACH EINER KURZEN ANPASSUNGSZEIT SETZTE ER DAS SPIEL FORT, ZUR VERWUNDERUNG UND BELUSTIGUNG VON SPIELERN UND FANS.

02

Handball Logikrätsel

Jetzt wird es kniffelig. Wie viele Quadrate mit einem handball innliegend, kannst du in diesem Raster entdecken?

04

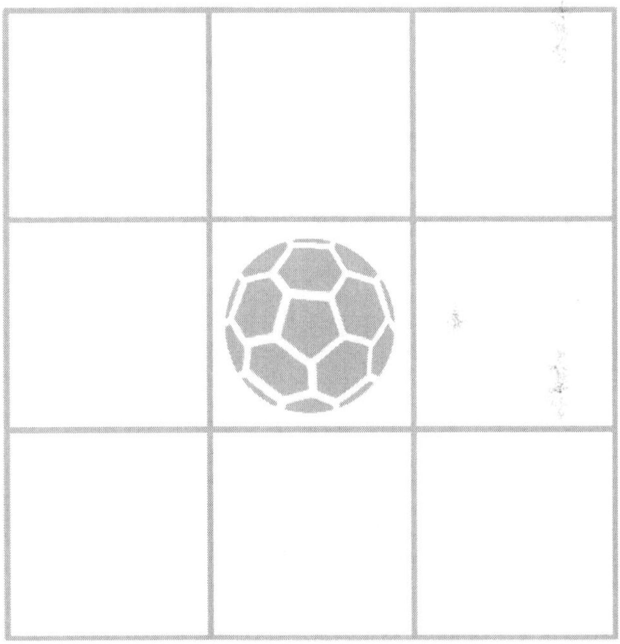

Hand ballstra tegie- Rätsel

ÜBRIGENS:

DAS VERLORENE TOR (2007): IN EINER PARTIE DER SPANISCHEN LIGA FIEL PLÖTZLICH EINES DER TORE UM, NACHDEM SICH DIE VERANKERUNG GELÖST HATTE. DAS SPIEL WURDE UNTERBROCHEN, WÄHREND FUNKTIONÄRE UND SPIELER VERSUCHTEN, DAS TOR WIEDER ZU BEFESTIGEN. DIE KURZE PAUSE SORGTE FÜR EINIGE HEITERE MOMENTE, ALS SPIELER VERSUCHTEN, ALS PROVISORISCHE HANDWERKER DAS PROBLEM ZU LÖSEN.

03

Handballstrategie-Rätsel

Kempa-Trick: Dieser Trick wurde nach dem deutschen Handballspieler Bernhard Kempa benannt. Es handelt sich dabei um eine spektakuläre Spielsituation, in der ein Spieler den Ball während eines Sprunges über den Boden zu einem Mitspieler passt, der diesen in der Luft fängt und direkt aufs Tor wirft.

01

Jeder Spieler soll zu seiner zugehörigen Zahl dribbeln und darf dabei nicht die Linie eines anderen Spielers durchkreuzen. Findest du von jedem Spieler den Weg, ohne dass sich die Wege überschneiden?

<table>
<tr><td></td><td>1</td><td></td><td></td><td></td><td></td><td></td><td></td></tr>
<tr><td></td><td></td><td></td><td>2</td><td></td><td></td><td>2</td><td></td></tr>
<tr><td></td><td></td><td>3</td><td></td><td></td><td></td><td></td><td></td></tr>
<tr><td></td><td></td><td></td><td></td><td></td><td></td><td></td><td></td></tr>
<tr><td></td><td></td><td>1</td><td>7</td><td></td><td></td><td></td><td>4</td></tr>
<tr><td></td><td></td><td></td><td>6</td><td></td><td></td><td></td><td>3</td></tr>
<tr><td></td><td>7</td><td></td><td></td><td></td><td></td><td></td><td></td></tr>
<tr><td>6</td><td>5</td><td></td><td></td><td></td><td></td><td>5</td><td>4</td></tr>
</table>

ÜBRIGENS:

DIE DOPPELTE ROTE KARTE (1995): BEI EINEM SPIEL IN DER DEUTSCHEN HANDBALL-BUNDESLIGA ERHIELTEN ZWEI SPIELER NACH EINER AUSEINANDERSETZUNG GLEICHZEITIG ROTE KARTEN. IN DER DARAUFFOLGENDEN VERWIRRUNG BETRAT EINER DER SPIELER DAS FELD WIEDER, WEIL ER DACHTE, DIE KARTE SEI FÜR SEINEN GEGENSPIELER GEDACHT GEWESEN. ES DAUERTE EINIGE MINUTEN, UM DAS MISSVERSTÄNDNIS ZU KLÄREN.

03

Handballstrategie-Rätsel

Spin Shot (Drehsprungwurf): Ein Spin Shot ist ein Wurf, bei dem der Spieler sich dreht, bevor er den Ball wirft. Dieser Wurf ist schwierig zu verteidigen, weil er die Wurfrichtung verschleiert.

02

Jeder Spieler soll zu seiner zugehörigen Zahl dribbeln und darf dabei nicht die Linie eines anderen Spielers durchkreuzen. Findest du von jedem Spieler den Weg, ohne dass sich die Wege überschneiden?

			5				
	2		4				
					3		
					2		
		1	4				
1			5				
	3		6	7			7
							6

ÜBRIGENS:

DER NICHT ENDENDE PENALTY (2013): IN EINEM SPIEL DER EHF CHAMPIONS LEAGUE MUSSTE EIN SIEBENMETER-WURF WIEDERHOLT WERDEN, WEIL FANS DER HEIMMANNSCHAFT WÄHREND DES WURFS LASERPOINTER AUF DEN WERFER RICHTETEN. NACHDEM DER WURF MEHRFACH WIEDERHOLT WERDEN MUSSTE, KONNTEN DIE SICHERHEITSKRÄFTE DIE ÜBELTÄTER AUSFINDIG MACHEN UND DAS SPIEL KONNTE FORTGESETZT WERDEN.

03 Handballstrategie-Rätsel

Inflight (Heber): Bei einem Inflight springt der Spieler hoch und wirft den Ball ins Tor, während er in der Luft ist. Dabei wird der Ball oft über den Torwart hinweg ins Tor geworfen.

03

Jeder Spieler soll zu seiner zugehörigen Zahl dribbeln und darf dabei nicht die Linie eines anderen Spielers durchkreuzen. Findest du von jedem Spieler den Weg, ohne dass sich die Wege überschneiden?

2			4				2	6		
	1				7			5		
	5									
				3						
			4	7						
						3				
			1						6	

ÜBRIGENS:

DER FLIEGENDE TRAINER (2004): BEI EINEM SPIEL IN DER DÄNISCHEN LIGA SORGTE DER TRAINER VON VIBORG HK FÜR LACHER, ALS ER IN SEINER BEGEISTERUNG ÜBER EINEN ERFOLGREICHEN SPIELZUG SEINER MANNSCHAFT SO WEIT IN DIE LUFT SPRANG, DASS ER RÜCKLINGS AUF DEM BODEN LANDETE. SEIN ENTHUSIASMUS WURDE NICHT NUR VON SEINEN SPIELERN, SONDERN AUCH VON DEN ZUSCHAUERN MIT APPLAUS BELOHNT.

03 Handballstrategie-Rätsel

Ankertaktik: Dies ist eine Taktik, bei der ein Rückraumspieler ständig den direkten Zweikampf mit dem Abwehrspieler sucht, um eine Überzahlsituation herzustellen oder einen Freiwurf zu erzwingen.

04

Hinten anstellen bitte. Kannst du eine Zahlenschlange bilden von 1 – 15? Waagerecht, Horizontal, Vertikal ist möglich. Der Handball hat die Nummer 16

			12
1			
8	10		4

ÜBRIGENS:

DER AUSZEIT-BUZZER, DER NICHT AUFHÖREN WOLLTE (2010): BEI EINEM WICHTIGEN LIGASPIEL ERTÖNTE DER BUZZER FÜR EINE AUSZEIT UND STOPPTE DADURCH EINEN AUSSICHTSREICHEN ANGRIFF. DAS PROBLEM WAR, NIEMAND HATTE DIE AUSZEIT VERLANGT. ES STELLTE SICH HERAUS, DASS EIN TECHNISCHER DEFEKT VORLAG, DER BUZZER LÖSTE SICH SELBST AUS. DAS SPIEL MUSSTE FÜR EINIGE MINUTEN UNTERBROCHEN WERDEN, BIS DAS PROBLEM BEHOBEN WAR.

03 Handballstrategie-Rätsel

Schnelle Mitte: Dies ist eine Taktik, die unmittelbar nach einem Gegentor angewendet wird. Dabei wird der Ball schnell aus dem Tor genommen und direkt zum Mittelspieler gepasst, um einen schnellen Angriff zu starten, bevor die Verteidigung sich formieren kann.

05

Hinten anstellen bitte. Kannst du eine Zahlenschlange bilden von 1 – 15? Waagerecht, Horizontal, Vertikal ist möglich. Der Handball hat die Nummer 16

	1		5
		3	
	11		9
13		10	

ÜBRIGENS:

DIE FLIEGENDE KONTAKTLINSE (2011): EIN SPIELER VERLOR WÄHREND EINES SPIELS SEINE KONTAKTLINSE UND DAS GESAMTE SPIEL KAM ZUM STILLSTAND, WÄHREND SPIELER BEIDER MANNSCHAFTEN AUF HÄNDEN UND KNIEN DAS SPIELFELD NACH DER VERLORENEN LINSE ABSUCHTEN. NACH EINIGEN MINUTEN FAND EIN GEGNERISCHER SPIELER SIE UND DAS SPIEL KONNTE FORTGESETZT WERDEN.

03

Handballstrategie-Rätsel

Hinten anstellen bitte. Kannst du eine Zahlenschlange bilden von 1 - 25? Waagerecht, Horizontal, Vertikal ist möglich. Der Handball hat die Nummer 1

06

17		14		
	16		10	12
	21		3	
23			2	5
25		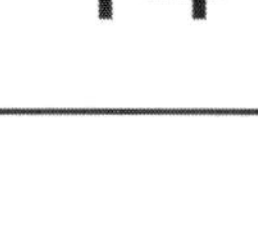	7	

ÜBRIGENS:

DER UNBEKANNTE SPIELER (2009): IN EINER NIEDRIGEREN LIGA IN DEUTSCHLAND KAM ES ZU EINEM KURIOSEN FALL, ALS EIN MANNSCHAFT EINE ROTE KARTE ERHIELT, ABER DER SPIELER, AUF DEN SICH DIE STRAFE BEZOG, WAR NICHT AUF DEM OFFIZIELLEN SPIELBERICHT AUFGEFÜHRT. NACH EINIGEM HIN UND HER UND RÄTSELRATEN DURFTE DER SPIELER WEITERSPIELEN, NACHDEM EIN ANDERER SPIELER "FREIWILLIG" DIE STRAFE AUF SICH NAHM.

03

Handballstrategie-Rätsel

Hinten anstellen bitte. Kannst du eine Zahlenschlange bilden von 1 - 25? Waagerecht, Horizontal, Vertikal ist möglich. Der Handball hat die Nummer 1

07

	19	21	23	
17				25
				4
			6	
13	12	10		

Handball Zahlen-rätsel

ÜBRIGENS:

DIE VERRÜCKTE FLUGSHOW (2002): EIN HANDBALLSPIEL IN ISLAND WURDE FAST ABGESAGT, WEIL EIN VOGEL IN DIE HALLE GEFLOGEN WAR UND ÜBER DEM SPIELFELD KREISTE. DAS SPIEL WURDE MEHRMALS UNTERBROCHEN, DA DER VOGEL TIEFE FLÜGE ÜBER DIE SPIELER MACHTE, BIS ER SCHLIESSLICH EINGEFANGEN WERDEN KONNTE.

04 Handball Zahlenrätsel

Übrigens: Im Durchschnitt hält ein Spieler den Ball während eines Handballspiels nur für etwa eine Minute. Der Rest der Zeit wird mit Laufen, Springen, Blocken und Tackling verbracht.

01

Wenn ein Team in den ersten 10 Minuten 5 Tore erzielt, wie viele Tore wird es voraussichtlich in einem vollständigen 60-minütigen Spiel erzielen?

Rätsel: Wenn ein Handballspieler während eines Spiels durchschnittlich 3,5 km läuft, wie viele Kilometer läuft das gesamte Team in einem Spiel, wenn es 14 Spieler umfasst?

Ein Torwart hat eine Erfolgsquote von 30% bei der Abwehr von Würfen. Wie viele Würfe wehrt er ab, wenn er in einem Spiel 40 Würfe auf sein Tor erhält?

ÜBRIGENS:

DAS TOR, DAS ZU KLEIN WAR (2014): BEI EINEM INTERNATIONALEN JUGENDTURNIER WURDE EIN SPIEL ANGEPFIFFEN, UND ERST NACH EINIGEN MINUTEN BEMERKTE MAN, DASS EINES DER TORE NICHT DEN OFFIZIELLEN MASSEN ENTSPRACH – ES WAR ZU KLEIN. DAS SPIEL WURDE UNTERBROCHEN UND DAS TOR MUSSTE AUSGETAUSCHT WERDEN, WAS FÜR ERHEITERUNG BEI DEN ZUSCHAUERN SORGTE UND DIE BEDEUTUNG DER AUSRÜSTUNGSÜBERPRÜFUNG VOR DEM SPIEL UNTERSTRICH.

Handball Zahlenrätsel

Übrigens: Ein Handball kann beim Wurf Geschwindigkeiten von bis zu 100 km/h erreichen.

Ein Spieler wirft pro Spiel durchschnittlich 10 Mal auf das Tor. Wie oft wirft er in einer Saison mit 30 Spielen auf das Tor?

Ein Handballspieler erzielt pro Saison durchschnittlich 120 Tore. Wie viele Tore erzielt er in seiner 10-jährigen Karriere?

Ein Handballfeld ist 40 Meter lang und 20 Meter breit. Wie groß ist die gesamte Spielfläche in Quadratmetern?

ÜBRIGENS:

DAS PHANTOMTOR (2008): IN EINEM SPIEL DER FRAUENHANDBALL-BUNDESLIGA ZWISCHEN BAYER LEVERKUSEN UND DEM FRANKFURTER HC WURDE EIN "GEISTERTOR" GEWERTET. DER BALL GING DURCH EIN LOCH IM SEITENNETZ INS TOR, UND KEINER DER SCHIEDSRICHTER BEMERKTE DEN FEHLER. ERST NACH DEM SPIEL, BEIM BETRACHTEN DER VIDEOAUFZEICHNUNGEN, WURDE DER IRRTUM KLAR.

04

Handball Zahlenrätsel

Übrigens:Handball wird in über 150 Ländern weltweit gespielt. Es ist also ein wahrhaft internationaler Sport!

03

Ein Handballspieler trainiert 5 Tage in der Woche und verbringt jeden Tag 2 Stunden im Training. Wie viele Stunden trainiert er in 4 Wochen?

In einem Spiel wirft ein Spieler 15 Mal auf das Tor und trifft dabei 60% der Würfe. Wie viele Tore hat er erzielt?

In einem Spiel wirft ein Spieler 12 Mal auf das Tor. Von diesen Würfen trifft er 25% nicht. Wie viele seiner Würfe sind im Tor gelandet?

ÜBRIGENS:

DER HUND IM SPIEL (2015): IN EINER UNTEREN LIGA IN FRANKREICH SORGTE EIN ENTLAUFENER HUND FÜR AUFREGUNG, ALS ER PLÖTZLICH WÄHREND EINES SPIELS AUF DAS FELD LIEF UND DAS SPIEL ZUM STEHEN BRACHTE. SPIELER UND SCHIEDSRICHTER VERBRACHTEN EINIGE MINUTEN DAMIT, DEN HUND ZU FANGEN, WAS FÜR HEITERE STIMMUNG BEI DEN ZUSCHAUERN SORGTE.

04 Handball Zahlenrätsel

Übrigens: Handball ist einer der schnellsten Teamsportarten der Welt. Ein Angriff kann in weniger als 3 Sekunden abgeschlossen sein.

04

Wenn ein Handballspieler 50 Mal auf das Tor wirft und dabei eine Trefferquote von 70% hat, wie viele Tore hat er erzielt?

Wenn ein Handballtorwart in einem Spiel 20% der auf sein Tor geworfenen Bälle abwehrt und dabei 8 Bälle abwehrt, wie viele Bälle wurden auf sein Tor geworfen?

Ein Handballspieler hat einen beeindruckenden Sprung, der ihn 1 Meter hoch in die Luft befördern kann. Wie viele seiner Sprünge würde es brauchen, um die Höhe des Eiffelturms (330 Meter) zu erreichen?

Ver-schlüss-elte Begriffe

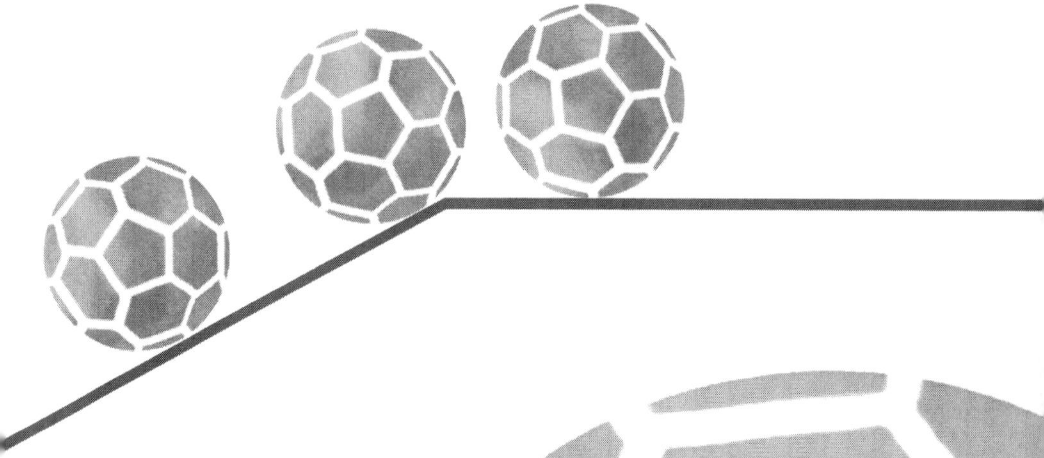

ÜBRIGENS:

DIE KURZE KARRIERE DES TORRICHTERS (2001): BEI EINEM INTERNATIONALEN SPIEL WURDE DER NEUE POSTEN DES TORRICHTERS EINGEFÜHRT, UM DIE ENTSCHEIDUNGEN AM TOR ZU UNTERSTÜTZEN. BEI SEINEM ERSTEN EINSATZ ENTSCHIED EINER DER TORRICHTER FÄLSCHLICHERWEISE AUF EIN TOR, OBWOHL DER BALL DIE LINIE NICHT ÜBERSCHRITTEN HATTE. DIESER FEHLENTSCHEID FÜHRTE DAZU, DASS DIE IDEE DER TORRICHTER SCHNELL WIEDER VERWORFEN WURDE.

05 Verschlüsselte Begriffe

Kannst du das versteckte Handball-Wort in diesem Satz finden?

01

Der Trainer schrie, "Sei vorsichtig mit dem Ball, Sven!"

"Er war mit Leidenschaft bei der Sache und gab alles auf dem Platz."

"Handball wurde prompt 1972 wieder in das olympische Programm aufgenommen."

ÜBRIGENS:

DIE UNERWARTETE PAUSE (1999): WÄHREND EINES SPIELS IN DER HANDBALL-BUNDESLIGA KAM ES ZU EINEM STROMAUSFALL IN DER HALLE. SPIELER UND FANS NUTZTEN DIE PLÖTZLICHE DUNKELHEIT FÜR EINE SPONTANE PAUSE MIT GESANG UND UNTERHALTUNG, BIS DAS LICHT UND DAMIT DAS SPIEL NACH ETWA 20 MINUTEN WIEDER AUFGENOMMEN WERDEN KONNTE.

05 Verschlüsselte Begriffe

Kennst du die wahrscheinlich längsten Wörter aus dem Handball?

02

H S E	I E L	L S P	W E C	A U S	E R

T G R	L I N	W A R	I E	T O R	E N Z

T R A	Z W E	I M I	E N S	N U T	F E

ÜBRIGENS:

DER TORMANN ALS FELDSPIELER (2017): AUFGRUND EINES MISSVERSTÄNDNISSES BEI DEN AUSWECHSLUNGEN FAND SICH EIN TEAM PLÖTZLICH OHNE EINEN FELDSPIELER AUF DER BANK WIEDER. DER TORMANN MUSSTE NOTGEDRUNGEN ALS FELDSPIELER EINSPRINGEN. ERZIELTE SOGAR EIN TOR, WAS ZU GROSSER BEGEISTERUNG AUF DEN RÄNGEN FÜHRTE. DIESER MOMENT WURDE IN DEN SOZIALEN MEDIEN WEIT VERBREITET UND ZEIGTE DIE VIELSEITIGKEIT UND DEN SPORTSGEIST DES TORMANNS.

05

Verschlüsselte Begriffe

Jeder ist auf dem spielfeld wichtig. kennst du alle positionen? wir glauben der lösungssatz wird dir nicht gefallen. oder doch?

03

NINNE SKNIL	□□□□□ □□□□□ (7)
TNHEIN NKSIL	□□□□□□ □□□□□ (3, 14)
AUßNE NLKIS	□□ß□□ □□□□□ (5, 17, 13)
WOTRRTA	□□□□□□□ (2, 11, 16)
AUßNE CRSEHT	□□ß□□ □□□□□□ (8, 4, 18, 19)
NEINTH HECRTS	□□□□□□ □□□□□□ (12, 1, 9, 10)
NIENN TCHESR	□□□□□ □□□□□□ (6, 15, 20)

D _1_ _2_   _3_ _4_ _5_ _6_ _7_ _8_ _9_   _10_ _11_ _12_

_13_ M M _14_ _15_   _16_ _17_ _18_ _19_ _20_

ÜBRIGENS:

DER WURF DURCH DIE HALLE (2006): BEI EINEM SPIEL IN DER DÄNISCHEN LIGA VERFEHLTE EIN SPIELER BEI EINEM FREIWURF DAS TOR SO WEIT, DASS DER BALL DURCH DIE OFFENE HALLE BIS IN DIE CAFETERIA FLOG UND DORT IN EINEN KAFFEEBECHER TRAF. DAS SPIEL WURDE KURZ UNTERBROCHEN, UM DEN BALL ZURÜCKZUHOLEN, UND DER SPIELER WURDE SOWOHL FÜR SEINEN FEHLSCHUSS ALS AUCH FÜR DEN "VOLLTREFFER" IM CAFE-BEREICH BELÄCHELT.

05

Verschlüsselte Begriffe

Wow! wir haben das Wort "HANDBALL" 10 mal versteckt. Findest du sie alle?

04

W N U
A G H P N I B Q H
X J U G X D P Q E S S H I
Y Z N Q O Z A W G B D D F R F R F
R K H P Ü S Ü R M U X V B V X P V U W
X P V A Ä N E I A Ö Ä B P V W D B D F L V
Q V J N I Ü D S L V T P H E T A C E Q W Q
J Ä C P U O A O L D R G Z H B I W Ö Q Q I X P
M J L P Ä G C A Y Z T I A A Ü E C Ä P M E L X
B N K I L A E B P H W Q A H N I T M I B K Z N Ö H
B Q N Ü L A D M A A W Ö U P D L E N K B U K Ö H J
M Z K H L N B T B N N C L S B I Ü F Q C F I Y V I
A I E P I A J V D D D D Z J H A E W P H Y I D S U J B
V I W R H B H L B N B L K O A L H E M H G F S T M Q G
X K U C D D I A E J A B L M N L S V Q D B A D D Ü B K
C H U H N I I N G L H U A D T K V P R Z N N K M U
F I Q F A F Q T D L S C F B X H F U F I Ö D C F D
G Ä I D H N M O T B A Ö C A D F L U Z T J S W H I
B G V A V D M A X A X A L K N L Ü L W T I R U
O N S Z Y A B Ä V P L B L I N A F T I Q W C S
H B M Z B E A D F Ä L R L H B H W O D X M
H M A X Ö X S L Y P J B M C D N Ö Ö Q T Y
Y A F K C J T L E A Z A P N L Ö N Q U
V A C A Q B L S B D S B A A Ä N V
Ö R W J Ö V C C K H H H R
Y F N M H G R F D
U A F

ÜBRIGENS:

DIE HEIMSPIEL-PANNE (2013): EIN SCHWEDISCHES TEAM HATTE SICH SO SEHR DARAUF VORBEREITET, DIE GEGNERISCHE MANNSCHAFT IN IHRER EIGENEN HALLE ZU DOMINIEREN, DASS SIE VERGASSEN, DEN SPIELORT ZU PRÜFEN. SIE WAREN AM EIGENEN STADION, WÄHREND DAS SPIEL IN EINER ANDEREN STADT STATTFAND. DIE VERWIRRUNG WURDE ERST BEMERKT, ALS DAS GEGNERISCHE TEAM VIA SOCIAL MEDIA NACHFRAGTE, WO SIE BLEIBEN WÜRDEN.

Verschlüsselte Begriffe

Was für ein Durcheinander. Kannst du den Satz vollenden?

05

Häufig wird der Ball geharzt. Das Harz trägt dazu bei, dass der Ball auch nur mit einer Hand bequem gehalten und sogar gefangen werden kann und dass man mit dem Wurfarm auch

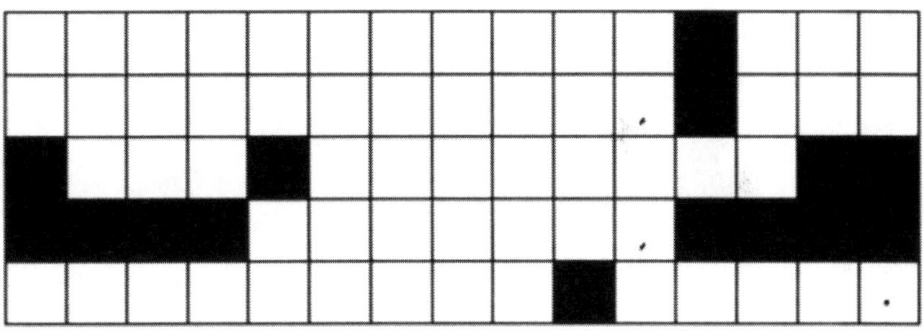

W U E E

R I M D H Ü R F P L

T Z U S Ü R E N S E I U I

A U S F K H R H N R N E N N E

T Ä U C C B E I G E K A W N D

ÜBRIGENS:

DER PLÖTZLICHE DUNKELHEIT (2017): EIN SPIEL IN DER DEUTSCHEN BUNDESLIGA WURDE PLÖTZLICH DURCH EINEN STROMAUSFALL IN DUNKELHEIT GEHÜLLT. SPIELER UND FANS NUTZTEN IHRE HANDYS, UM DAS SPIELFELD ZU BELEUCHTEN, UND SANGEN GEMEINSAM, WÄHREND TECHNIKER DAS PROBLEM LÖSTEN. DIESER ZWISCHENFALL WURDE SPÄTER IN EINEM WERBESPOT FÜR DIE LIGA HUMORVOLL DARGESTELLT.

05 Verschlüsselte Begriffe

Kannst du den Satz mit dem Kreisläufer bilden?

06

				H	N		H	S	N					
			D	E	T		D	R	N					
	Ü	I	B	E	E		N	U	E	I	E	I	T	
D	I	E	F	E	R	L	H	A	R	D	M	A	E	R
D	N	R	C	F	R	Ü	D	E	P	N	B	L	L	L

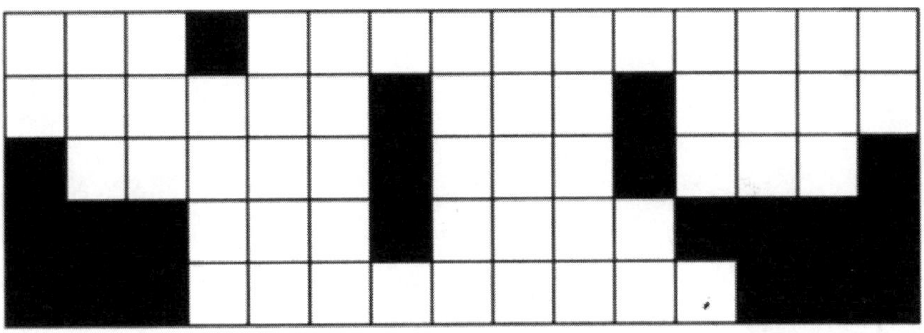

sondern mit allen Körperteilen oberhalb des Knies.

Fakten oder Fiktion

ÜBRIGENS:

DIE "FLIEGENDE" ZEITSTRAFE (2005): BEI EINEM INTERNATIONALEN SPIEL ERHIELT EIN SPIELER EINE ZEITSTRAFE UND SOLLTE DAS SPIELFELD VERLASSEN. IRRITIERT UND OFFENBAR NICHT EINVERSTANDEN MIT DER ENTSCHEIDUNG, WARF ER DAS ZEITSTRAFEN-BRETT IN DIE LUFT, BEVOR ER SICH AUF DIE BANK SETZTE. DAS SPIEL WURDE KURZZEITIG UNTERBROCHEN, WÄHREND DAS BRETT EINGESAMMELT UND DER SPIELER BERUHIGT WURDE.

06

Fakten oder Fiktion

Mal sehen, ob du ein/e richtige/r Handballkenner/in bist, oder ob wir dich aufs Glatteis führen können.

01

Fakt oder Fiktion? Handball wurde erstmals bei den Olympischen Spielen 1936 in Berlin vorgestellt.

Fakt oder Fiktion? Die erste Handball-Weltmeisterschaft fand 1938 statt.

Fakt oder Fiktion? Eine Handballmannschaft besteht aus 6 Feldspielern und einem Torwart.

ÜBRIGENS:

DIE VERWECHSELTEN TRIKOTS (2010): BEI EINEM EUROPAPOKALSPIEL ERSCHIEN EINE MANNSCHAFT IN TRIKOTS, DIE FAST IDENTISCH MIT DENEN DES GEGNERS WAREN. NACHDEM DIE ERSTEN MINUTEN IN VERWIRRUNG GESPIELT WURDEN, MUSSTE DAS TEAM IHRE TRIKOTS AUF DEN KOPF DREHEN, UM WEITERZUSPIELEN. DIES FÜHRTE ZU BELUSTIGTEN REAKTIONEN BEIM PUBLIKUM UND EINIGEN AMÜSANTEN FOTOS.

06 Fakten oder Fiktion

Mal sehen, ob du ein/e richtige/r Handballkenner/in bist, oder ob wir dich aufs Glatteis führen können.

02

Fakt oder Fiktion? Handball ist besonders in den USA, Kanada und Großbritannien beliebt.

Fakt oder Fiktion? In einem Handballspiel sind Sprung-, Hüft- und Unterarmwürfe erlaubt.

Fakt oder Fiktion? Der Kempa-Trick ist nach dem deutschen Handballspieler Bernhard Kempa benannt.

ÜBRIGENS:

DIE UNFREIWILLIGE "RUTSCHPARTIE" (2018): BEI EINEM EUROPÄISCHEN HANDBALLSPIEL WAR DER HALLENBODEN UNGEWÖHNLICH RUTSCHIG, SODASS SPIELER BEIDER MANNSCHAFTEN WIEDERHOLT AUSRUTSCHTEN UND FIELEN. DAS SPIEL GLICH EHER EINER EISLAUFSHOW ALS EINEM HANDBALLMATCH. ES STELLTE SICH HERAUS, DASS EINE FEHLERHAFTE REINIGUNGSMASCHINE WACHS STATT REINIGUNGSMITTEL AUF DEN BODEN AUFGETRAGEN HATTE.

06

Fakten oder Fiktion

Mal sehen, ob du ein/e richtige/r Handballkenner/in bist, oder ob wir dich aufs Glatteis führen können.

03

Fakt oder Fiktion? Eine Handballmannschaft hat während eines Spiels 3 Auszeiten zur Verfügung.

Fakt oder Fiktion? Bei einem Siebenmeter-Wurf dürfen sich alle Spieler in der Torraumlinie aufstellen.

Fakt oder Fiktion? Bei der Handball-Weltmeisterschaft treten sowohl Männer- als auch Frauenteams an.

ÜBRIGENS:

DER TORHÜTER MIT DEM TORINSTINKT (2014): IN EINEM SPIEL DER FRANZÖSISCHEN LIGA ERZIELTE EIN TORHÜTER EIN TOR AUS SEINEM EIGENEN KREIS. ER NUTZTE DEN MOMENT, ALS DER GEGNERISCHE TORHÜTER NACH EINEM ANGRIFF NOCH NICHT ZURÜCKGEKEHRT WAR, UND WARF DEN BALL ÜBER DAS GESAMTE SPIELFELD DIREKT INS LEERE TOR.

06 Fakten oder Fiktion

Mal sehen, ob du ein/e richtige/r Handballkenner/in bist, oder ob wir dich aufs Glatteis führen können.

04

Fakt oder Fiktion? Harz ist in allen Handballspielen erlaubt.

Fakt oder Fiktion? Der Torwart darf im Handball den Ball treten.

Fakt oder Fiktion? Ein Spieler darf im Handball beliebig oft ein- und ausgewechselt werden.

ÜBRIGENS:

DAS MASKOTTCHEN, DAS ZU WEIT GING (2012): IN EINER HANDBALLPARTIE IN NORWEGEN SORGTE DAS MASKOTTCHEN FÜR AUFSEHEN, ALS ES ZU ENTHUSIASTISCH FEIERTE UND AUS VERSEHEN DEN BALL AUF DEM SPIELFELD TRAF, WÄHREND DAS SPIEL LIEF. DAS MASKOTTCHEN WURDE VOM PLATZ GESCHICKT, UND DAS SPIEL MUSSTE NEU GESTARTET WERDEN.

Fakten oder Fiktion

Mal sehen, ob du ein/e richtige/r Handballkenner/in bist, oder ob wir dich aufs Glatteis führen können.

Fakt oder Fiktion? Ein Handball wiegt ungefähr so viel wie ein Fußball.

Fakt oder Fiktion? Es gibt eine offizielle Handball-Variante, die auf Eis gespielt wird.

Fakt oder Fiktion? Im Handball kann man ein Tor erzielen, indem man den Ball direkt aus einem Einwurf ins Tor wirft.

ÜBRIGENS:

DIE SELBSTAUSWECHSLUNG (2009): EIN SPIELER DER DEUTSCHEN BUNDESLIGA WAR SO FRUSTRIERT ÜBER SEINE EIGENE LEISTUNG, DASS ER SICH SELBST AUSWECHSELTE UND AUF DIE BANK SETZTE, OHNE AUF DIE ZUSTIMMUNG SEINES TRAINERS ZU WARTEN. DIE ZUSCHAUER UND SOGAR SEINE TEAMKOLLEGEN KONNTEN SICH DAS SCHMUNZELN NICHT VERKNEIFEN.

06

Fakten oder Fiktion

Mal sehen, ob du ein/e richtige/r Handballkenner/in bist, oder ob wir dich aufs Glatteis führen können.

Fakt oder Fiktion? Ein Handballtor ist größer als ein Fußballtor.

Fakt oder Fiktion? Ein Handballspiel kann mit einem Unentschieden enden.

Fakt oder Fiktion? Handball ist eine der ältesten Sportarten der Welt.

ÜBRIGENS:

DAS SPIEL GEGEN DIE NATUR (2003): EIN HANDBALLSPIEL IN EINER KLEINEN HALLE IN SCHWEDEN MUSSTE FÜR EINIGE MINUTEN UNTERBROCHEN WERDEN, WEIL EIN SCHWARM VON INSEKTEN – ANGELOCKT DURCH DIE HALLENBELEUCHTUNG – DAS SPIELFELD ÜBERFLUTETE. SPIELER UND FANS HALFEN GEMEINSAM, DIE INSEKTEN ZU VERTREIBEN, DAMIT DAS SPIEL FORTGESETZT WERDEN KONNTE.

Fakten oder Fiktion

Mal sehen, ob du ein/e richtige/r Handballkenner/in bist, oder ob wir dich aufs Glatteis führen können.

Fakt oder Fiktion? Handball wurde erstmals in den 1936er Olympischen Spielen als Demonstrationsport eingeführt.

Fakt oder Fiktion? Der erste Handball wurde aus Schweinsblase hergestellt.

Fakt oder Fiktion? Das erste offizielle Handballspiel wurde in Deutschland gespielt.

ÜBRIGENS:

DIE OVERTIME, DIE NIEMAND STOPPEN KONNTE (1995): IN EINEM EUROPÄISCHEN WETTBEWERBSSPIEL GAB ES EIN PROBLEM MIT DER UHR, DIE DIE OVERTIME ZÄHLTE. SIE STOPPTE NICHT, ALS DIE REGULÄRE SPIELZEIT VORBEI WAR. DIE SPIELER SPIELTEN VERWIRRT WEITER, BIS DER FEHLER BEMERKT UND DAS SPIEL OFFIZIELL BEENDET WURDE – ZU DIESEM ZEITPUNKT HATTE DIE "OVERTIME" SCHON FAST SO LANGE GEDAUERT WIE EINE REGULÄRE HALBZEIT.

Fakten oder Fiktion

Mal sehen, ob du ein/e richtige/r Handballkenner/in bist, oder ob wir dich aufs Glatteis führen können.

Fakt oder Fiktion? Handball war ursprünglich ein Outdoor-Sport.

Fakt oder Fiktion? Die Handball-Weltmeisterschaft wurde erstmals in den 1960er Jahren ausgetragen.

Fakt oder Fiktion? Das erste Handballspiel, das im Fernsehen übertragen wurde, fand in den 1950er Jahren statt.

ÜBRIGENS:

DER BALL, DER NICHT ZU FASSEN WAR (2007): IN EINEM LIGASPIEL IN SPANIEN PLATZTE EIN BALL MITTEN IM SPIEL. DIE SPIELER VERSUCHTEN ZUNÄCHST, DAS SPIEL MIT DEM DEFEKTEN BALL FORTZUSETZEN, BIS SIE REALISIERTEN, DASS ES UNMÖGLICH WAR, IHN ZU KONTROLLIEREN. DAS SPIEL MUSSTE UNTERBROCHEN WERDEN, UM EINEN NEUEN BALL ZU HOLEN.

Fakten oder Fiktion

Mal sehen, ob du ein/e richtige/r Handballkenner/in bist, oder ob wir dich aufs Glatteis führen können.

Fakt oder Fiktion? Die Regel, dass Torhüter den Ball mit dem Fuß spielen dürfen, wurde erst in den 1980er Jahren eingeführt.

Fakt oder Fiktion? Das erste Frauen-Handballspiel wurde in den 1920er Jahren in Deutschland gespielt.

Fakt oder Fiktion? Der erste Handball, der in einem offiziellen Spiel verwendet wurde, war quadratisch.

ÜBRIGENS:

DER ZWISCHENFALL MIT DER HARZFLASCHE (2016): EIN SPIELER, DER NACH DEM AUFTRAGEN VON HARZ AUF SEINE HÄNDE, VERSEHENTLICH DIE GESAMTE FLASCHE AUF DEM SPIELFELD ENTLEERTE, SORGTE FÜR EINE LANGE UNTERBRECHUNG. DAS KLEBRIGE HARZ MUSSTE MÜHSAM VOM PARKETT ENTFERNT WERDEN, BEVOR DAS SPIEL WEITERGEHEN KONNTE.

06

Fakten oder Fiktion

Mal sehen, ob du ein/e richtige/r Handballkenner/in bist, oder ob wir dich aufs Glatteis führen können.

10

Fakt oder Fiktion? Das erste internationale Handballspiel fand zwischen Deutschland und Österreich statt.

Fakt oder Fiktion? Die International Handball Federation (IHF) wurde in den 1940er Jahren gegründet.

Fakt oder Fiktion? Das erste Land, das eine nationale Handballliga einrichtete, war Schweden.

ÜBRIGENS:

DAS VERWIRRENDE TRIKOTWECHSEL (2001): WÄHREND EINES SPIELS IN DER CHAMPIONS LEAGUE KLAGTEN DIE SPIELER DARÜBER, DASS SIE IHRE TEAMKOLLEGEN WEGEN ÄHNLICHER TRIKOTFARBEN DER GEGNER SCHLECHT ERKENNEN KONNTEN. IN DER HALBZEITPAUSE WURDE ENTSCHIEDEN, DASS EIN TEAM SEINE TRIKOTS UMDREHEN SOLLTE, WAS ZU GROSSER VERWIRRUNG BEI DEN ZUSCHAUERN FÜHRTE, ALS DIE SPIELER MIT DEN NUN FALSCHHERUM GETRAGENEN NUMMERN UND NAMEN WIEDER AUFS FELD KAMEN.

Fakten oder Fiktion

Mal sehen, ob du ein/e richtige/r Handballkenner/in bist, oder ob wir dich aufs Glatteis führen können.

Fakt oder Fiktion? Der erste Handballklub wurde in Deutschland gegründet.

Fakt oder Fiktion? Im Jahr 1938 wurde die erste Handball-Weltmeisterschaft ausgetragen.

Fakt oder Fiktion? Bis 1992 war das Handballfeld aus Beton.

Handball Anagramme

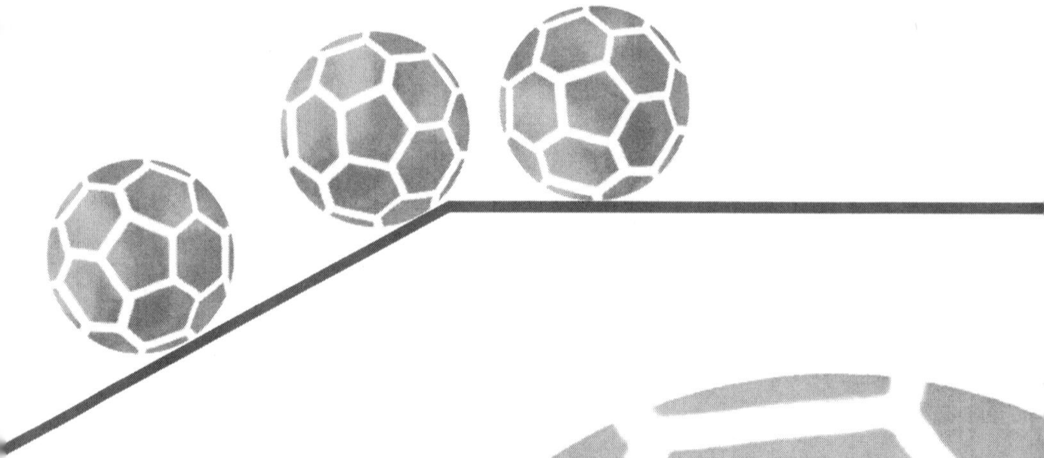

ÜBRIGENS:

DIE IMPROVISIERTE VERLETZUNGSPAUSE (1998): IN EINEM INTERNATIONALEN TURNIER TÄUSCHTE EIN SPIELER EINE VERLETZUNG VOR, UM SEINEM TEAM EINE AUSZEIT ZU VERSCHAFFEN, DA KEINE REGULÄREN AUSZEITEN MEHR VERFÜGBAR WAREN. DAS MEDIZINISCHE PERSONAL SPIELTE MIT UND TRUG IHN AUF EINER TRAGE VOM FELD, NUR DAMIT ER WENIGE MINUTEN SPÄTER "WUNDERBAR GEHEILT" ZURÜCKZUKEHREN UND DAS SPIEL FORTZUSETZEN.

07

Handball-Anagramme

Wenn du genau hinschaust, kann aus dem Wirrwarr ein Begriff, den du aus dem Handball kennst gebildet werden

01

IEENKRSILI

TARTORW

WGFRSRUPNU

ÜBRIGENS:

DIE VERWECHSLUNG DER NATIONALHYMNEN (2011): BEI EINEM INTERNATIONALEN TURNIER WURDE VOR DEM ANPFIFF DAS SPIEL DURCH EINE PEINLICHE VERWECHSLUNG DER NATIONALHYMNEN GESTÖRT. DIE SPIELER STANDEN VERWIRRT, WÄHREND DIE HYMNE EINES GANZ ANDEREN LANDES GESPIELT WURDE. ES DAUERTE EINIGE MINUTEN, BIS DER FEHLER BEHOBEN WAR UND DIE RICHTIGE HYMNE ERKLANG.

07

Handball-Anagramme

Wenn du genau hinschaust, kann aus dem Wirrwarr ein Begriff, den du aus dem Handball kennst gebildet werden

02

RHAWEB

RPESER

PACK-KETIRM

ÜBRIGENS:

DER IMPROVISIERTE TORWART (1999): ALS DER TORWART EINES AMATEURTEAMS WEGEN EINER ROTEN KARTE DAS SPIELFELD VERLASSEN MUSSTE UND KEIN ERSATZTORWART VERFÜGBAR WAR, SPRANG KURZERHAND DER ÄLTESTE FELDSPIELER IN DIE BRESCHE. ER KONNTE ZWAR KEINEN BALL HALTEN, WURDE ABER VOM PUBLIKUM MIT STANDING OVATIONS GEFEIERT.

07

Handball-Anagramme

Wenn du genau hinschaust, kann aus dem Wirrwarr ein Begriff, den du aus dem Handball kennst gebildet werden

03

WANRUF

ESELKRILÄRU

WEIFUFRR

ÜBRIGENS:

DIE ENDLOSE SCHLUSSMINUTE (2002): AUFGRUND EINES TECHNISCHEN FEHLERS BEI DER SPIELUHR DAUERTE DIE LETZTE SPIELMINUTE EINES HANDBALLSPIELS IN WIRKLICHKEIT FAST ZEHN MINUTEN. SPIELER UND TRAINER WAREN ZUNEHMEND IRRITIERT, WÄHREND DIE ZEIT EINFACH NICHT ABLAUFEN WOLLTE.

07

Handball-Anagramme

Und hier kommen wir auch schon zu dem letzten Rätsel. Bestimmt löst du es im Handumdrehen, denn du bist ja mittlerweile ein Profi in Lösungen finden.

04

DACKMEGNUNN

AHZR

SPOPPADELS

Lösungen

Seite	Lösung	Seite	Lösung
Seite 4	AAC	Seite 22	AAA
Seite 6	BAB	Seite 24	BCA
Seite 8	ACA	Seite 26	CBB
Seite 10	CAC	Seite 28	CAA
Seite 12	BCB	Seite 30	CBB
Seite 14	CAB	Seite 32	AAB
Seite 16	BCB	Seite 34	BAA
Seite 18	CAA	Seite 36	AAC
Seite 20	ABA		

Seite 40

Es gibt 6 Spiele insgesamt, da jedes der vier Teams gegen die anderen drei Teams spielt

Jeder Spieler bekommt 30 Minuten Spielzeit

Nach 12 Minuten haben beide Teams die gleiche Anzahl von Toren erzielt, nämlich 4 Tore

Seite 42

Er hat insgesamt 6 Spiele verpasst

Die Erdgeschoss taste

Ja, wenn beide Rücken an Rücken stehen

Seite 44

Mindestens zwei Spiele

Es werden insgesamt 15 Spiele gespielt

Lösung: D, A, B, C

Seite 46

ES SIND 6 QUADRATE

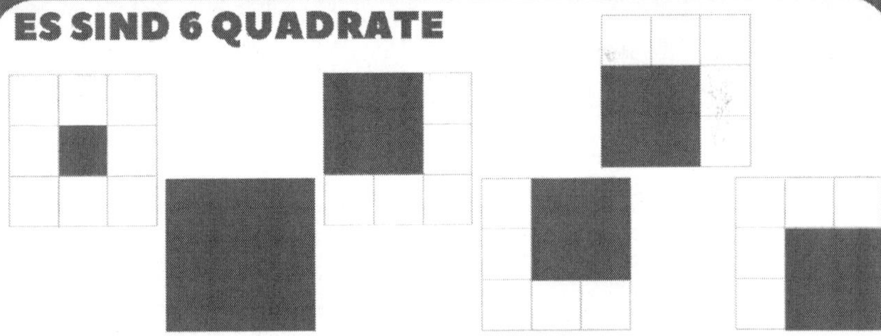

Seite 50

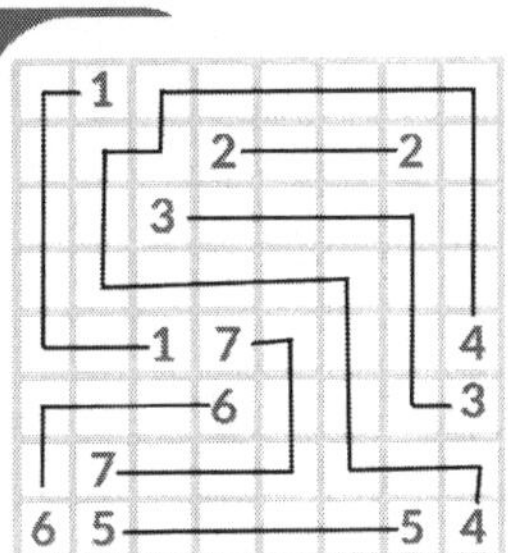

Seite 52

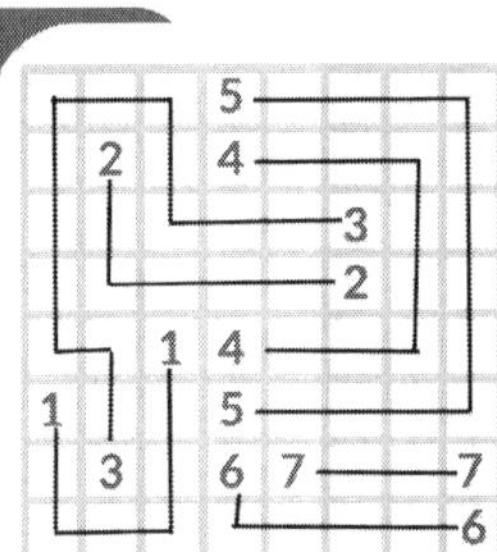

Seite 54

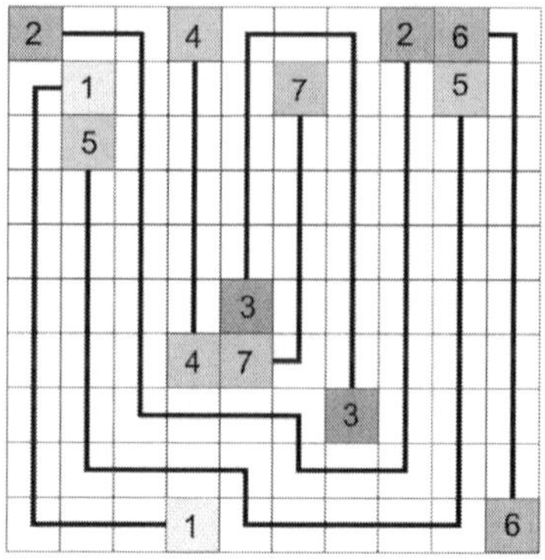

Seite 56

16	15	14	12
1	2	11	13
8	10	3	4
9	7	6	5

Seite 58

16	1	4	5
15	2	3	6
14	11	7	9
13	12	10	8

Seite 60

17	18	14	13	11
19	16	15	10	12
20	21	9	3	4
23	22	8	2	5
25	24	1	7	6

Seite 62

18	19	21	23	24
17	16	20	22	25
15	1	2	3	4
14	11	9	6	5
13	12	10	8	7

Seite 66

(Lösung: 30 Tore)

(Lösung: 3,5 km/Spieler * 14 Spieler = 49 km)

(Lösung: 40 Würfe * 30% = 12 Würfe)

Seite 68

(Lösung: 10 Würfe/Spiel * 30 Spiele = 300 Würfe)

(Lösung: 120 Tore/Saison * 10 Saisons = 1200 Tore)

(Lösung: 40 Meter * 20 Meter = 800 Quadratmeter)

Seite 70

(Lösung: 5 Tage * 2 Stunden/Tag * 4 Wochen = 40 Stunden)

(Lösung: 15 Würfe * 60% = 9 Tore)

(Lösung: 12 Würfe * 75% = 9 Tore)

Seite 72

(Lösung: 35 Tore)

(Lösung: 40 Bälle)

(Lösung: 330 Sprünge)

Seite 76

(Lösung: Sieben)

(Lösung: Abwehr)

(Lösung: Doppelpass)

Seite 78

AUSWECHSELSPIELER
TORWARTGRENZLINIE
ZWEIMINUTENSTRAFE

Seite 80

Innen Links
Hinten Links
Außen Links
Torwart
Außen Rechts
Hinten Rechts
Innen Rechts

Seite 82

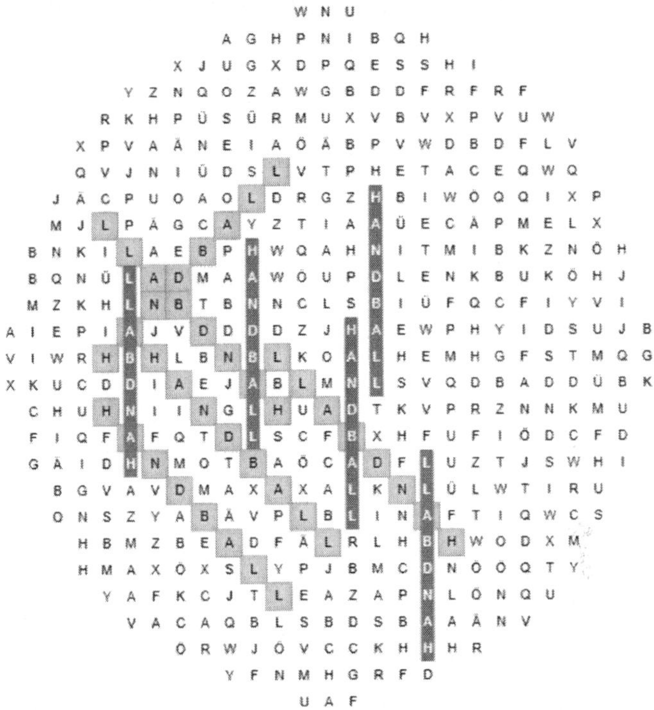

Seite 84

Täuschungen und Trickwürfe, wie zum Beispiel Dreher, ausführen kann.

Seite 86

Die Feldspieler dürfen den Ball nicht nur mit der Hand berühren, sondern mit allen Körperteilen oberhalb des Knies.

Seite 90

Fiktion. Handball wurde erstmals bei den Olympischen Spielen 1936 in Berlin vorgestellt, aber es war Feldhandball, nicht Hallenhandball. Hallenhandball wurde erst 1972 in München olympisch.

Fakt. Die erste Handball-Weltmeisterschaft fand tatsächlich 1938 in Deutschland statt.

Fakt. Eine Handballmannschaft besteht während des Spiels aus 6 Feldspielern und einem Torwart, aber die gesamte Mannschaft umfasst in der Regel mehr Spieler.

Seite 92

Fiktion. Während Handball in vielen Teilen der Welt gespielt wird, sind die Länder, in denen er am beliebtesten ist, normalerweise in Europa, einschließlich Deutschland, Frankreich, Spanien und Skandinavien.

Fakt. Alle diese Wurfarten sind im Handball erlaubt und gebräuchlich.

Fakt. Der Kempa-Trick, ein spektakulärer Spielzug im Handball, ist tatsächlich nach dem deutschen Handballspieler Bernhard Kempa benannt, der diesen Trick populär gemacht hat.

Seite 94

Fiktion. Jede Mannschaft hat pro Halbzeit eine Auszeit, also insgesamt zwei pro Spiel.

Fiktion. Bei einem Siebenmeter-Wurf müssen sich alle Spieler hinter der Freiwurflinie aufstellen.

Fakt. Es gibt sowohl eine Männer- als auch eine Frauen-Weltmeisterschaft im Handball.

Seite 96

Fiktion. Die Nutzung von Harz hängt von den Regeln der jeweiligen Liga oder des Wettbewerbs ab. In einigen Fällen ist es verboten.

Fakt. Im Gegensatz zu den Feldspielern darf der Torwart den Ball im eigenen Torraum auch mit dem Fuß spielen.

Fakt. Im Handball gibt es eine fliegende Wechselregel, nach der Spieler beliebig oft ausgetauscht werden können.

Seite 98

Fiktion. Ein Handball wiegt in der Regel zwischen 325 und 375 Gramm, was deutlich weniger ist als ein Fußball, der zwischen 410 und 450 Gramm wiegt.

Fiktion. Es gibt zwar viele verschiedene Varianten von Handball, darunter Beachhandball und Feldhandball, aber eine offizielle Version, die auf Eis gespielt wird, existiert nicht.

Fiktion. Ein Tor aus einem Einwurf ist im Handball nicht gültig.

Seite 100

Fiktion. Ein Handballtor ist kleiner und misst 2 Meter hoch und 3 Meter breit, während ein Fußballtor 2,44 Meter hoch und 7,32 Meter breit ist.

Fakt. Im Gegensatz zu einigen anderen Sportarten kann ein reguläres Handballspiel mit einem Unentschieden enden.

Fiktion. Obwohl Handball eine lange Geschichte hat, mit Wurzeln, die bis ins 19. Jahrhundert zurückreichen, gibt es viele Sportarten, die viel älter sind, wie z.B. Leichtathletik oder Wrestling.

Seite 102

Fakt. Handball wurde in den Olympischen Spielen von 1936 in Berlin erstmals als Demonstrationsportart vorgestellt.

Fiktion. Während es wahr ist, dass einige frühe Bälle für Sportarten aus Schweinsblase hergestellt wurden, wurde der Handball ursprünglich aus Leder hergestellt.

Fakt. Das erste offizielle Handballspiel fand 1917 in Deutschland statt.

Seite 104

Fakt. Die ersten Formen von Handball wurden auf Rasenflächen gespielt. Erst später wurde es in die Halle verlegt.

Fiktion. Die erste Handball-Weltmeisterschaft fand 1938 statt.

Fiktion. Die erste Übertragung eines Handballspiels im Fernsehen fand 1947 statt.

Seite 106

Fiktion. Die Regel, dass Torhüter den Ball mit dem Fuß spielen dürfen, ist seit den Anfängen des Handballs Teil des Spiels.

Fakt. Das erste dokumentierte Frauen-Handballspiel fand 1925 in Deutschland statt.

Fiktion. Der erste Handball war rund, obwohl er weniger perfekt rund war als die heutigen Bälle.

Seite 108

Fakt. Das erste internationale Handballspiel wurde 1925 zwischen Deutschland und Österreich ausgetragen.

Fakt. Die IHF wurde 1946 gegründet.

Fiktion. Deutschland war das erste Land, das eine nationale Handballliga einrichtete.

Seite 110

Fakt. Der erste Handballklub, der Berliner Athletik Klub 1892, wurde tatsächlich in Deutschland gegründet.

Fakt. Die erste Handball-Weltmeisterschaft wurde tatsächlich 1938 in Deutschland ausgetragen.

Fiktion. Handballfelder waren nie aus Beton. Sie waren und sind üblicherweise aus Holz oder synthetischen Materialien.

Seite 114

Kreislinie

Torwart

Sprungwurf

Seite 116

Abwehr

Sperre

Kempa-Trick

Seite 118

Anwurf

Kreisläufer

Freiwurf

Seite 92

Manndeckung

Harz

Doppelpass

notes

notes

notes

notes

notes

Schlusswort

Wenn du diese Zeilen liest, bedeutet das, dass du die Reise durch die Handball-Rätsel erfolgreich gemeistert hast.

Ich hoffe, du hast Freude an dieser Reise gehabt und bist auf dem Weg auf einige überraschende und aufschlussreiche Entdeckungen gestoßen.

Deine Rückmeldungen und Erfahrungen sind für mich von unschätzbarem Wert.

Wenn du Anregungen, Ideen oder Geschichten über das Thema Handball hast, würde ich mich freuen, von dir zu hören. Deine Beiträge helfen mir, zukünftige Bücher noch besser zu gestalten.

Beste Grüße
Florian

ISBN: 978-3-910893-07-8

Impressum

Florian Wagner wird vertreten durch:
Sportsession Publishing

Maria Helene Weidmann
Schwester Emmi Weg 13
22946 Trittau

cleverbooks224@magenta.de

Printed in Poland
by Amazon Fulfillment
Poland Sp. z o.o., Wrocław

29588201R00085